D0189197

Llywelyn ein Llyw Olaf

Llywelyn the Last Prince

Aeres Twigg

SWANSEA LIBRARIES

0000634148

GOMER

longtain voyage: quil souffira de porter seulemet vng
las de soye a vng ymage de sainct george pendat a icelluy.
Aussi se ledit colier dir auoit besoingz de reparacion il pora
estre mis en la main de souurier iusques a ce quil soit
repure. Lequel colier aussi ne pourra estre enrichy de
pierres ou daultres choses, reserue led ymage qui pourra
estre garny au plaisir du cheualier. Et aussi ne pourra
estre ledit colier vendu engaigie do̅ne ne aliene pour
necessite ou cause quelconque que ce soit

Alexander rex
Scotor̄

lewellin
princeps
wallie

LLYWELYN EIN LLYW OLAF

LYWELYN ap Gruffudd oedd enw Llywelyn ein Llyw Olaf ac roedd e'n ŵyr i Llywelyn Fawr, sef Llywelyn ap Iorwerth, a fu'n teyrnasu Cymru gyfan yn ystod y cyfnod 1215-1240. Ond er bod tad-cu dylanwadol gan Llywelyn bu sawl rhwystr ar ei ffordd a thrwy ei ymdrechion ei hun y llwyddodd i ddod yn dywysog Cymru.

Doedd tad Llywelyn, Gruffudd, ddim yn fab cyfreithlon i Lywelyn Fawr, ac roedd wedi cael ei ddietifeddu; dyna un rhwystr. Hefyd, ail fab oedd Llywelyn; roedd ganddo frawd hŷn, Owain, yn ogystal â brodyr iau.

Dewisodd Llywelyn Fawr ei fab Dafydd, ewythr Llywelyn, i'w ganlyn ond dim ond am chwe blynedd y bu hwnnw'n teyrnasu. Yna trefnwyd i'r ddau frawd, Owain a Llywelyn ap Gruffudd, rannu'r dasg o reoli Gwynedd. Ym Mehefin 1255 gorchfygodd Llywelyn ei frawd Owain a'i frawd iau Dafydd ym mrwydr Bryn Derwin, yn y bryniau i'r gogledd o dre Cricieth.

Golygfa ddychmygol o senedd Prydain, gyda Llywelyn, Tywysog Cymru, ac Alexander, brenin yr Alban, yn cyd-eistedd gydag Edward I.

An imaginary depiction of a British parliament, showing Llywelyn, prince of Wales, and Alexander, king of Scotland, sitting with Edward I.

LLYWELYN THE LAST PRINCE

LYWELYN ap Gruffudd was the grandson of Llywelyn ap Iorwerth, known as Llywelyn the Great who ruled the whole of Wales during the period 1215-1240.

Present-day readers could be pardoned for thinking that this grandson had stepped into his role as prince of Wales easily, but further reading shows that things were not so straightforward, and that it was only through his determined efforts that he became prince.

Llywelyn's father, Gruffudd, was an illegitimate son of Llywelyn the Great, and he had been disinherited. That was one obstacle. In addition, our Llywelyn was the second son; he had an older brother, Owain, as well as younger brothers. His grandfather chose his son Dafydd – Llywelyn's uncle – to be his heir, but his reign only lasted for six years. The two brothers, Owain and Llywelyn ap Gruffudd, then became joint rulers of Gwynedd.

In June 1255 Llywelyn fought and won a battle against his brother Owain and younger brother Dafydd at Bryn Derwin in the hills North of Cricieth.

Fel y dywed Beverley Smith: '. . . ni wnaeth neb drosglwyddo'i etifeddiaeth i Lywelyn, ef ei hun a'i cipiodd trwy rym.'

Ym 1247 ymosododd Harri III, brenin Lloegr, ar Wynedd. Adeiladodd gestyll o amgylch Gwynedd a gorchymyn i'r arglwyddi lleol dalu gwrogaeth iddo.

Datganodd Llywelyn ap Gruffudd mai ef yn unig oedd yn rheoli yng Ngwynedd a mynnodd mai iddo ef y dylai arglwyddi Deheubarth a Phowys dalu gwrogaeth. Cymerodd y teitl 'Tywysog Cymru' ym 1258.

Roedd Llywelyn wedi anfon negesydd at y brenin yn 1261 gan gynnig trafod telerau heddwch. Diolchodd Harri iddo am fod yn amyneddgar ar adeg gythryblus, ond dywedodd na fyddai'n barod i arwyddo cytundeb heddwch hyd nes y deuai ei fab Edward adre o dramor. Ym 1262 sgrifennodd Llywelyn at y brenin yn cwyno bod rhai o Arglwyddi'r Mers wedi ymosod

As Beverley Smith records: '. . . no one bestowed an inheritance on Llywelyn, he took it for himself by force.'

In 1247 Henry III, king of England, invaded Gwynedd. He built castles around Gwynedd and forced the local lords to swear allegiance to him.

Llywelyn ap Gruffudd appointed himself sole ruler of Gwynedd and he commanded the lords of Deheubarth and Powys to swear loyalty to him, rather than Henry III. He adopted the title 'Prince of Wales' in 1258.

Llywelyn sent his emissary, Master Matthew, to the king in 1261 proposing peace. Henry praised him for his restraint during a period of such turmoil but said he would not sign a peace treaty until his son Edward had returned to this country.

In 1262 Llywelyn wrote to the king complaining that some Marchers had attacked Powys Fadog, and he urged the

ar Bowys Fadog, ac anogodd y brenin i wneud iawn am y cam roedd hwnnw wedi'i ddioddef, rhag iddo gael ei yrru i ddial oherwydd yr anghyfiawnder. Arwyddodd y llythyr 'Tywysog Cymru ac Arglwydd Eryri'.

Tra oedd y brenin yn Ffrainc yn 1262 clywodd si bod Llywelyn yn sâl. Sgrifennodd at Arglwyddi'r Mers yn eu rhybuddio na ddylid caniatáu i Dafydd gymryd yr awenau yng Nghymru pe byddai Llywelyn farw; dylid cadarnhau awdurdod y brenin. Roeddent i fod yn barod am alwad i ymladd, ond ym 1262 ymosododd Llywelyn ar Gefnllys, castell ar glogwyn creigiog ym Maelienydd, eiddo'r arglwydd Normanaidd, Mortimer. Yna aeth i Forgannwg a dinistrio'r castell roedd Gilbert de Clare yn ei godi yng Nghaerffili; bu raid i de Clare godi castell mwy fyth.

king to right the wrongs done to him, lest he be driven to seek vengeance for this lack of justice. He signed the letter 'Prince of Wales and Lord of Snowdon'.

While the king was in France in 1262, he heard that Llywelyn was ill. He wrote ordering the lords of the March to make sure that if Llywelyn was to die his brother Dafydd should be prevented from assuming authority in Wales; the authority of the king should be established. They were told to be ready for a call to arms, but in 1262 Llywelyn attacked Cefnllys, a castle on a rocky ridge in Maelienydd, which was owned by the Norman lord, Mortimer.

Then he moved into Glamorgan and demolished a castle that Gilbert de Clare was building at Caerffili and de Clare had to build an even bigger one. The three

Ymunodd tri o arglwyddi'r Mers – Mortimer, Bohun a de Clare – yn erbyn Llywelyn.

Ni chafwyd cadoediad tan 1267, pan arwyddwyd cytundeb Chwima. Un o ganlyniadau pwysig y cytundeb oedd bod y brenin yn cydnabod hawl Llywelyn i'r teitl 'Tywysog Cymru'.

Yn ôl yr Athro T Jones Pierce, mae'r ffaith ei fod wedi hawlio'r teitl a derbyn y cyfrifoldebau oedd ynghlwm wrtho wedi codi Llywelyn uwchlaw arweinyddion eraill Cymru am mai ef oedd y cyntaf i lunio cynllun gwleidyddol arbennig i Gymru.

Marcher Lords, Mortimer, Bohun and de Clare, then joined forces against Llywelyn.

One important result of the agreement eventually made at Chwima in 1267 was that King Henry acknowledged Llywelyn's title of Prince of Wales. According to Professor T Jones Pierce, Llywelyn's adoption of the title and his acceptance of the responsibilities that came with it set him apart from other Welsh leaders, as he was the first to attempt to plan his own politics for his country.

Simon de Montfort, Earl of Leicester, had married King Henry's sister, Eleanor. It was

EDWARD I KING of ENGLAND
LORD of IRELAND & DUKE of AQVITAINE

Over the Gate of Carnarvon Castle, the remains of an Antient Statue of K. Edward I.

Roedd Simon de Montfort, Iarll Caerlŷr, yn briod ag Eleanor, chwaer Harri III. Yn ddiweddarach dewisodd Llywelyn eu merch nhw – Eleanor oedd hi hefyd – yn wraig. Doedd hyn ddim yn plesio'r Brenin Edward.

Roedd Llywelyn ac Eleanor wedi eu huno trwy briodas ddirprwyol, ac yn 1275 hwyliodd y briodasferch o Ffrainc i ymuno â'i gŵr. Ond cipiwyd hi ar y môr, a'i charcharu yn Windsor am dair blynedd.

O'r diwedd cawsant briodi yn eglwys gadeiriol Caerwrangon. Y brenin Edward oedd yn cyflwyno'r briodasferch ac ef hefyd oedd wedi darparu'r wledd briodas. Roedd brenin a brenhines yr Alban ymhlith y gwesteion. Cafodd Llywelyn nod llyfr ar gyfer ei lyfr gweddi yn rhodd gan y brenin, ac fe gafodd Eleanor hances fechan. Ychydig cyn hynny roedd Llywelyn wedi rhoi pedwar helgi yn anrheg i'r brenin.

Ffenest liw yn Eglwys Gadeiriol Caerwrangon.
Stained glass window at Worcester Cathedral.

their daughter, also named Eleanor, that Llywelyn later chose as his wife. This did not please King Edward.

Llywelyn and Eleanor were married by proxy and in 1275 the bride set out from France to join him, but she was captured at sea and imprisoned in Windsor for three years.

When Llywelyn ap Gruffudd and Eleanor de Montfort got married in the cathedral church at Worcester, she was given away by King Edward, who also provided the feast. The king and queen of Scotland were among the guests. Edward gave Llywelyn a marker for his prayer book and he gave Eleanor a small kerchief. Some time earlier Llywelyn had made a present of four hounds to the king.

When Henry III died in 1272 his son Edward had become king, but Llywelyn refused to attend his coronation. He was summoned to pay homage to the king on

Pan fu farw Harri III ym 1272 daeth ei fab, Edward, yn frenin ond gwrthododd Llywelyn fynychu'r gwasanaeth coroni. Bum gwaith rhwng 1274 a 1279 gorchmynnodd Edward i Llywelyn dalu gwrogaeth iddo, ond gwrthododd bob tro. Cyhoeddodd Edward ryfel ar Gymru ac ymosododd arni yn 1277.

Roedd costau'r rhyfel yn uchel ac roedd Llywelyn yn trethu ei bobl yn drwm gan elyniaethu rhai o'i gyn-ddilynwyr. Roedd rhai o arglwyddi eraill Cymru'n anfodlon ei fod yn ymddwyn fel petai'n frenin ar Gymru gyfan. Ym 1274 cynllwyniodd Gruffudd ap Gwenwynwyn o Bowys a Dafydd ap Gruffudd, brawd Llywelyn, i'w ladd. Methu a wnaethant, a ffodd Dafydd i Loegr.

Aeth archesgob Caergaint, John Pecham, i dreulio tridiau gyda Llywelyn yn Abergwyngregyn yn Nhachwedd 1282 er mwyn ceisio trefnu heddwch rhwng Edward a Llywelyn. Cynigiodd i Llywelyn fyw yn Lloegr gyda statws ac incwm da pe bai'n cytuno i drosglwyddo'i wlad i'r brenin. Ond ateb Llywelyn oedd bod y cynllun yn ceisio "dinistrio a thanseilio fy mhobl a minnau yn hytrach na chynnig i mi anrhydedd a diogelwch".

five occasions between 1274 and 1279, but each time he refused. King Edward declared war on Wales in 1277 and invaded the country.

Llywelyn taxed his own subjects heavily in order to finance his war, thereby alienating some who had previously been among his supporters. Some other Welsh rulers resented the way in which he acted as if he were king of the whole of Wales. In 1274 Gruffudd ap Gwenwynwyn of Powys and Dafydd ap Gruffudd (Llywelyn's brother) plotted to assassinate Llywelyn. They failed, and Dafydd fled to England.

The Archbishop of Canterbury, John Pecham, stayed at Abergwyngregyn for three days in November 1282 in an attempt to negotiate peace between King Edward and Llywelyn Prince of Wales. In return for handing his country over to the king, Llywelyn was offered a good living in England. In response, he declared that the plan was devised to 'destroy and undermine my people and myself, rather than to offer me honour and safety'.

His counsel wrote to tell him that he should not yield and that the Welsh people would not 'pay homage to any stranger, as

Ysgrifennodd ei gynghorwyr i ddweud na ddylai'r tywysog ildio, ac na fyddai'r Cymry'n barod i dalu gwrogaeth i unrhyw ddieithryn a hwnnw'n anghyfarwydd â'u hiaith a'u ffordd o fyw a'u cyfraith.

Ac yntau wedi methu â chael cytundeb Llywelyn, dirmygodd yr archesgob gyfreithiau Cymru gan ddweud mai cynnyrch y diafol oeddynt. Rhaid concro'r Cymry, meddai, er mwyn cael gwared ar eu pechodau, eu diogi a'u barbariaeth.

Dafydd, a oedd erbyn hyn wedi dod i gytundeb â'i frawd Llywelyn, a gychwynnodd y terfysg ym 1282. Ar Sul y Blodau goresgynnodd mintai o Gymry gastell Penarlâg tra oedd cwnstabl y castell, Roger Clifford, yn cysgu.

Ymosododd minteioedd eraill ar gestyll Fflint a Rhuddlan.

they are wholly unacquainted with his language, his way of life and his laws'.

Upon this failure, the archbishop sneered at the laws of Wales as being those of the devil, and he urged the conquest of Wales to rid the Welsh of their sins, their idleness and their barbarity.

It was Dafydd, now reconciled with his brother Llywelyn, who led the uprising in 1282. On Palm Sunday a force of Welshmen penetrated the defences of Hawarden castle while its constable, Roger Clifford, lay asleep.

Other groups struck at Fflint and Rhuddlan. Gruffudd ap Meredydd, Rhys Fychan and Rhys ap Maelgwn invited the constable of Aberystwyth Castle to dinner, then captured him and took possession of the castle. 'They burned the town and the

Castell Aberystwyth

Aberystwyth Castle

Gwahoddwyd cwnstabl castell Aberystwyth i giniawa yng nghwmni Gruffudd ap Maredydd, Rhys Fychan a Rhys ap Maelgwn, yna carcharwyd ef a chymerwyd meddiant o'r castell. Llosgwyd y dre a'r castell a dinistrio'r muriau o amgylch Aberystwyth.

Yr un diwrnod meddiannodd Rhys Wyndod a gwŷr Ystrad Tywi gestyll Llanymddyfri a Charreg Cennen.

castle and destroyed the rampart that was around the castle and the town.'

On the same day Llandovery Castle and Carreg Cennen fell to Rhys Wyndod and the men of Ystrad Tywi.

It was in June of that year that Llywelyn's wife died in childbirth, but at the end of June Llywelyn joined in the war. When in November 1282 Luc de Tany of Gascony tried to use a bridge made of

Ym Mehefin y flwyddyn honno bu farw gwraig Llewelyn ar enedigaeth baban, ond ddiwedd mis Mehefin ymunodd Llywelyn yn y rhyfel.

Ym mis Tachwedd 1282 creodd Luc de Tany o Gascwyn bont o longau ochr yn ochr dros afon Menai i alluogi ei filwyr i groesi ac ymosod ar y Cymry. Dinistriwyd ei fyddin yn gyfan gwbl.

Aeth Llywelyn a'i fyddin i lawr i'r de i annog rhagor o gefnogwyr i ymuno yn y gwrthryfel. Aeth i Fuellt, ond yno bu farw.

Os ewch chi tua'r gorllewin ar yr A483 o Gilmeri, fe gewch eich hun yn agos at y

ships to cross the Menai Straits, his whole army was destroyed.

Llywelyn led his army south to recruit more followers. He went to Builth and there he met his death. If you travel towards the west on the A483 from Cilmeri you will come to the site where Llywelyn was killed on December 11th, 1282.

Orewin bridge – a wooden bridge over the river Irfon in the parish of Llanganten used to be an important crossing point. According to local tradition, Llywelyn had left most of his army in Cardiganshire and was travelling with a small garrison towards the

Tafarn Llywelyn ger Cilmeri.

Llywelyn Inn near Cilmeri.

llecyn lle lladdwyd Llywelyn ar Ragfyr 11, 1282.

Arferai Pont Orewin, pont bren dros afon Irfon ym mhlwyf Llanganten, fod yn groesfan pwysig. Yn ôl traddodiad roedd Llywelyn wedi gadael y rhan fwyaf o'i filwyr yng Ngheredigion ac roedd yn teithio gyda mintai fechan tua Dyffryn Gwy. Mewn pentre o'r enw Madoc daethant wyneb yn wyneb â llu o filwyr dan arweiniad Syr Edmund Mortimer o Wigmore, Elias Walwyn o Stapleton a John Gifford. Ni fu brwydr. Aeth y ddau gwmni i gyfeiriadau gwahanol.

Ymsefydlodd cwmni Llywelyn ar dir uchel wrth afon Irfon, gyda deunaw ohonynt yn gwarchod y bont. Yna aeth ef a'i yswain tuag at Aberedw. Roedd eira ar y llawr, ac aethant at y gof yn Aberedw a gorchymyn iddo osod pedolau'r ceffylau tu ôl ymlaen er mwyn twyllo'r Saeson. Yna gorffwysodd Llywelyn mewn ogof ac iddi fynedfa guddiedig, gan aros am ffrindiau o dde Cymru.

Yng nghastell Buellt roedd Mortimer yn cynllunio. Danfonodd hanner ei fintai dan ofal Elias Walwyn i rydio afon Gwy ac ymosod ar bont Orewin o'r tu ôl, tra ei fod

Vale of Wye. At a place called Madoc they came face to face with a troop of soldiers led by Sir Edmund Mortimer of Wigmore, Elias Walwyn of Stapleton and John Gifford. Neither party was inclined to engage in battle. They went their separate ways.

Llywelyn commanded his company to make camp on high ground above the River Irfon, and he put eighteen guards on the bridge. Then he and his squire rode to Aberedw. There was snow on the ground and they ordered the smith at Aberedw to reverse their horses' shoes in order to deceive pursuers. In Aberedw, in a cave or grotto cut out of solid rock and with a narrow concealed entrance, Llywelyn waited for reinforcements from south Wales.

Meanwhile, at Builth, Mortimer devised a plan. He sent half his troops under Elias Walwyn to ford the river and attack the wooden bridge from the rear, while he led the other soldiers, archers and cavalry, to attack from the front.

Having killed the men who were guarding the bridge, they attacked the Welsh soldiers on the steep hill above the river. Great carnage ensued. Mortimer was

ef a'r milwyr eraill, y saethwyr a'r marchfilwyr yn ymosod o'r tu blaen.

Wedi lladd gwarchodwyr y bont aethant ymlaen i ddringo'r bryn, lle bu brwydro ffyrnig. Anafwyd Mortimer. Cariwyd ef i gastell Wigmore lle bu farw rhyw dridiau'n ddiweddarach.

Cymerodd Elias Walwyn yr awenau. Gwisgodd rai o'i filwyr mewn gwisg Gymreig a'u rhoi i warchod y bont ac yna marchogodd i Aberedw.

Ar ôl cael ei lwgrwobrwyo, datgelodd y gof Madoc Goch Min Mawr lle roedd cuddfan Llywelyn.

Mae Edwin Davies yn adrodd yr hanes yn ei lyfr ar Sir Faesyfed, gan gyfleu darlun byw o'r tywysog yn neidio ar ei geffyl a charlamu i ffwrdd, yn nofio afon Gwy, yna'n neidio o glogwyn i glogwyn. Mae ei geffyl yn trengu o flinder ond mae Llywelyn yn taflu'i arfwisg oddi amdano ac yn rhedeg at Bont Orewin gan feddwl mai ffrindiau oedd yn ei ddisgwyl. Mae'n canfod y twyll, yn torri trwyddynt ac yn rhedeg ymlaen. Mae'n holi hen wreigan am enw'r afonig gerllaw, ac yn dweud wrthi, 'O hyn allan, Nant Llywelyn y gelwir hi canys hwn fydd ei ddydd olaf.' Yna mae ei elynion yn ei ladd â gwaywffon.

wounded and carried to Wigmore Castle, where he died a few days later.

Elias Walwyn took command. He posted some of his own men dressed in Welsh uniform at the Orewin bridge and went to Aberedw.

They bribed the blacksmith whose name was 'Madoc goch min mawr' (red haired big-mouth Madoc) to betray Llywelyn's whereabouts.

The account in *The General History of the County of Radnor* (Edwin Davies) gives a vivid picture of the prince jumping into his saddle and riding off furiously, dashing into the impetuous stream of the Wye. He then swam to the bank and leapt from precipice to precipice. Then, his horse having died of exhaustion, Llywelyn takes off his armour and comes to Orewin bridge. But there he finds not friends but foes.

Once more he breaks through their ranks and runs on. At a small stream nearby he asks an old woman what it is called, before telling her, 'From now on its name is Nant Llywelyn, for this will be his last day.' His pursuers then killed him with his own spear.

Ogof Llywelyn.   Llywelyn's cave.

Afon Irfon.

The Irfon river.

Mewn cronicl o hanes Sir Frycheiniog dywedir bod Llywelyn wedi croesi afon Irfon dros Bont-y-coed uwchlaw eglwys Llanynis, ei fod wedi cael ei drywanu mewn llecyn agored gan Adam de Francton, a bod hwnnw wedi ei adael ac wedi parhau i erlid y milwyr oedd ar ffo. Dim ond ar ôl dychwelyd i chwilio am ysbail y daeth i wybod mai tywysog Cymru oedd y dyn a drywanwyd ganddo, a hynny pan ddaeth o hyd i lythyr seiffr a sêl gyfrin Llywelyn arno.

Yna, torrodd de Francton ben Llywelyn i ffwrdd a'i anfon at frenin Lloegr. Cafodd y pen ei arddangos ar fan uchaf twr Llundain

The *History of Brecknockshire* states that he crossed the river Irfon at a bridge called Pont-y-coed above Llanynis church and that he was attacked in a small dell by Adam de Francton who plunged a spear into his body and immediately joined his countrymen in pursuit of the fleeing enemy. It was only when he returned in search of loot that de Francton discovered that the wounded man was the prince of Wales, when he came across a letter in cypher with Llywelyn's personal seal on it.

He cut off Llywelyn's head and sent it to the king of England who exhibited it on the

Lord Roger Mortimer had been plotting to kill Llywelyn through trickery. When Llywelyn's men reached the spot, his enemies attacked him and killed him.
(The Hagnaby Chronicle)

ac fe gladdwyd gweddillion Llywelyn yn y fan lle cwympodd – a elwir hyd heddiw yn 'Cefn y Bedd'.

Ysgrifennodd Gruffudd ab yr Ynad Goch farwnad yn disgrifio'i anobaith ar achlysur colli tywysog olaf Cymru. Mae'n dweud bod ei galon yn oer gan hiraeth ar ôl colli brenin Aberffraw. Mae'n gwylltio wrth y Saeson am y weithred ac yn herio Duw am ddwyn Llywelyn ymaith. Mae'n gofyn sut na allwn ni weld bod y byd ar ben. Dymuna i'r môr guddio'r tir gan nad oes bellach na gobaith na lloches, nac unrhyw un i arwain nac i roi cyngor.

highest pinnacle of the Tower of London. The body was buried near where he fell, in a spot which is now called 'Cefn y Bedd'.

Gruffudd ab yr Ynad Goch wrote an elegy expressing his despair at the death of the last dynastic prince of Wales. He describes how his heart is cold with grief at the loss of the king of Aberffraw. He rages against the English for doing such a thing and at God for taking him away. He asks how it is possible that we should not see that the world has come to an end. He wishes that the sea would rise up and flood the land, since there is no hope, no refuge, no one to guide or to give counsel.

Dywed haneswyr fod Archesgob Caergaint wedi esgymuno Llywelyn ond bod Mallt Giffard o Lanymddyfri wedi ymbilio am iddo gael claddedigaeth Gristnogol gan ei fod wedi gofyn am offeiriad cyn ei farw. Felly claddwyd ei weddillion yn Abaty Cwm Hir ac fe ganodd y mynaich offeren iddo. Heddiw mae carreg fedd syml iddo yn adfeilion yr abaty.

Historians write that the Archbishop of Canterbury had excommunicated Llywelyn, but Maud Giffard of Llandovery, having heard that Llywelyn had asked for a priest before his death, pleaded that he might receive a Christian burial. And so the body was buried in Cwm Hir Abbey where the monks sang a mass for him. Today, a simple memorial stone marks his grave inside the abbey ruins.

Poni welwch-chwi hynt y gwynt a'r glaw?

Poni welwch-chwi'r deri'n ymdaraw?

Poni welwch-chwi'r môr yn merwinaw'r tir?

Poni welwch-chwi'r gwir yn ymgweiriaw?

Poni welwch-chwi'r haul yn hwylaw'r awyr?

Poni welwch-chwi'r sêr wedi'r syrthiaw?

Poni chredwch-chwi i Dduw, ddyniadon ynfyd?

Poni welwch-chwi'r byd wedi'r bydiaw,

Och hyd atat-ti, Dduw, na ddaw môr dros dir!

Pa beth y'n gedir i ohiriaw?

(Gruffudd ab ar Ynad Goch)

cara·Wallia·derelicta
DVGWYL·DAMASEVS
BABYRVNVEDDYDAR
DEG·OVISRAGFYR
DVWGWENER+
ACYNA·I·BWRIWYD
HOLL·GYMRY
YR·ILAWR·VENIT·SVMMA·DIES
ET·INELVCTABILE·TEMPVS
DARDANIÆ·PENNDRAGON
PENN·DREIC·OEDARNAW
PENN·ILYWELYN·DEG
DYGYN·A·VRAW·BYT·BOT
PAWL·HAEARN·TRWYDAW.
ab·hieme·añ·1282

NYT·OES·NA·XYYN·GOR·NA·XLO·NAC·EGOR.

Bu llawer o bwyllgora ers 1856 i drafod codi cofeb deilwng i Lywelyn ap Gruffudd. Methwyd cytuno ar leoliad y gofeb, rhai am ei lleoli yng nghastell Llanfair ym Muallt ac eraill yn ffafrio Abaty Cwm Hir. Yn y diwedd Sais a gododd y gofeb gyntaf gan

Many meetings had been held since 1856 to plan the provision of a fitting memorial to Llywelyn ap Gruffudd. It was impossible to come to an agreement about where the memorial should stand, as some wanted it placed at Builth Castle, others at Cwm Hir

Cofeb Bligh.   Bligh Monument.

dalu o'i boced ei hun. Adeiladodd Stanley Morgan Bligh (perthynas i Capten Bligh a hwyliodd ar y *Bounty*) gofeb ar dir roedd e wedi'i etifeddu yng Nghilmeri. Ym 1956 codwyd carreg goffa – deg tunnell o bwysau a phymtheg troedfedd o daldra – ar fryncyn Cefn y Bedd, Cilmeri. Dadorchuddiwyd y gofeb ar Fehefin 23, 1956. Bellach mae meini o gofeb Bligh wedi eu gosod ym muriau'r grisiau i'r bryncyn.

Gerllaw'r gofeb mae ffynnon, lle yn ôl yr hanes y golchwyd y gwaed oddi ar ben Llywelyn cyn ei gyflwyno i'r brenin a'i roi

Cofeb Cilmeri.

Abbey, and in the end it was an Englishman who, at his own cost, provided the first monument. He was Stanley Bligh (related to Bligh of the *Bounty*), and he erected an obelisk on land he had inherited at Cilmeri.

In 1956 a ten ton, fifteen foot high monolith was erected on a mound at Cefn y Bedd, Cilmeri. It was unveiled on Saturday, June 23rd, that year. The stones which constituted Bligh's obelisk were later incorporated into the gateway.

Nearby is the spring where, it is said, Llywelyn's head was washed before being

Cilmeri monument.

ar bicell a'i goroni ag eiddew a'i arddangos yn y twr yn Llundain am bymtheng mlynedd.

Yn Abergwyngregyn y bu Elinor, gwraig Llywelyn, farw ar enedigaeth eu hunig blentyn. Gwenllïan oedd enw'r ferch fach. Wedi marwolaeth ei thad danfonwyd hi i briordy Sempringham yn swydd Lincoln, yn ddigon pell oddi wrth unrhyw un a allai ddweud straeon am ei theulu wrthi, na'i dysgu i siarad Cymraeg.

Dau fis ar bymtheg oed oedd hi pan ddygwyd hi yno. Ar Dachwedd 11, 1283, ysgrifennodd Edward at y prior a'r briores yn Sempringham yn cynnig £20 y flwyddyn am ei chadw. Bu farw yn lleian yn Sempringham pan oedd hi'n 56 mlwydd oed yn

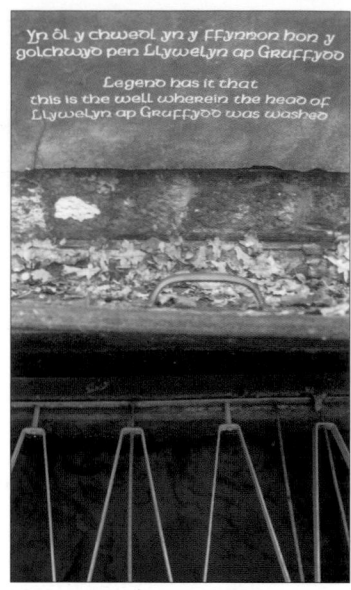

taken to the king to be placed on a spike and crowned with ivy leaves and displayed at the Tower for fifteen years.

Eleanor, Llywelyn's wife, had died in child-birth. Their little daughter, Gwenllïan, probably never knew that she was the daughter of the last Prince of Wales. After her father was killed and the uprising was quashed, she was sent to the nuns at Sempringham in Lincolnshire, far enough away from anyone who could tell her stories of her ancestors or teach her the old old language. She was seventeen months old when she was taken there. On November 11th, 1283, Edward the 1st wrote to the Prior and Prioress of Sempringham offering £20 a year to keep her. She died as a nun at Sempringham at

dwyn yr enw Wentliane. Wencilian y gelwid hi yn llythyrau'r cyfnod. Felly gwnaeth y brenin yn sicr na fyddai gan Llywelyn ap Gruffudd unrhyw etifedd.

Roedd cartref Llywelyn yn Abergwyngregyn ar arfordir gogledd Cymru, rhwng Bangor a Chonwy. Mae yma hen dŷ fferm â'i furiau'n cynnwys cerrig o'i gartref, ac mae yno dŵr a sgubor sydd efallai'n deillio o'i oes ef. Pen-y-bryn yw enw'r tŷ nawr a saif ar fryn i'r dwyrain o bentre Aber.

Prynodd Mrs Kathryn Gibson a'i gŵr yr hen ffermdy ym 1988, ac iddi hi mae'r diolch am y darganfyddiad mai dyma'r fan lle trigai tywysog Cymru.

the age of 56, bearing the name of Wentliane. In some of the letters about her which have survived she is referred to as Wencilian. Thus the king made sure that there was no heir to Llywelyn ap Gruffudd.

Llywelyn lived at Abergwyngregyn on the North Wales coast between Bangor and Conwy. Here, an old farmhouse built from the stones of his home has a tower and barn that may have survived from his lifetime. The house, now called Pen-y-bryn, is on a hill to the east of the village of Aber.

Mrs Kathryn Gibson and her husband bought Pen-y-bryn in 1988, and it is largely due to her that it has been recognised as the home of the Prince of Wales.

Dymuna'r cyhoeddwyr ddiolch i'r canlynol am roi caniatâd i atgynhyrchu lluniau yn y gyfrol hon:

The publishers would like to thank the following for granting permission to reproduce pictures in this volume:

Y Casgliad Brenhinol © 2001, Ei Mawrhydi y Frenhines Elizabeth II/The Royal Collection © 2001, Her Majesty Queen Elizabeth II (t. 2); Hawlfraint: Deon a Chabidwl Abaty Westminster/ Copyright: Dean and Chapter of Westminster (t. 4); Cyngor Sir Dinas a Sir Caerdydd/The County Council of the City and County of Cardiff (t. 5); Peter Lord (t. 6); STC99263 Edward I (1239-1307): Brenin Lloegr o 1272, yn null gweddillion cerflun, ysgythrwyd gan yr arlunydd (ysgythriad) gan George Vertue (1684-1756) Casgliad Preifat/Bridgeman Art Library/King of England from 1272, after the remains of a statue, engraved by the artist (engraving) by George Vertue (1684-1756) Private Collection/Bridgeman Art Library (t. 7); Cymdeithas Owain Lawgoch/The Owain Lawgoch Society (t. 8); Bwrdd Croeso Cymru/Wales Tourist Board (t. 10, 11); Tegwyn Roberts (t. 12, 16, 22, 23); Mick Sharp (t. 14, 21); Hulton Archive (t. 17); BL Cotton. Nero. D. II. folio. 182: dyddiad: diwedd 13eg ganrif, gyda chaniatâd y Llyfrgell Brydeinig/date: late 13th century, by permission of the British Library (t. 18); CADW (t. 19); Llyfrgell Genedlaethol Cymru/National Library of Wales (t. 19); Beacon Studios (t. 20); Cymdeithas y Dywysoges Gwenllian/The Princess Gwenllian Society (t. 22);

ac i Gwenda Lloyd Wallace am wneud y gwaith ymchwil lluniau.
and to Gwenda Lloyd Wallace for the picture researching.

Cyhoeddir fel rhan o gyfres gomisiwn *Cip ar Gymru* Cyngor Llyfrau Cymru.
Published in the *Wonder Wales* series commissioned by the Welsh Books Council.

ⓗ Gwasg Gomer 2001 ©

Cedwir pob hawl. Ni chaniateir atgynhyrchu unrhyw ran o'r cyhoeddiad hwn, na'i gadw mewn cyfundrefn adferadwy, na'i drosglwyddo mewn unrhyw ddull na thrwy unrhyw gyfrwng, electronig, electrostatig, tâp magnetig, mecanyddol, ffotogopïo, recordio, nac fel arall, heb ganiatâd ymlaen llaw gan y cyhoeddwyr, Gwasg Gomer, Llandysul, Ceredigion, Cymru.

All rights reserved. No part of this book may be reproduced, stored in a retrieval system, or transmitted in any form or by any means, electronic, electrostatic, magnetic tape, mechanical, photocopying, recording, or otherwise, without permission in writing from the publishers, Gomer Press, Llandysul, Ceredigion.

ISBN 1 84323 070 4

CITY & COUNTY OF SWANSEA LIBRARIES	
Cl. 942.9034	
Au.	Pr.
Date 3|02	Loc. SW
No.	